Wilhelm Molsdorf

Die Idee des Schönen in der Weltgestaltung bei Thomas von Aquino

Wilhelm Molsdorf

Die Idee des Schönen in der Weltgestaltung bei Thomas von Aquino

ISBN/EAN: 9783743469853

Hergestellt in Europa, USA, Kanada, Australien, Japan

Cover: Foto ©Thomas Meinert / pixelio.de

Wilhelm Molsdorf

Die Idee des Schönen in der Weltgestaltung bei Thomas von Aquino

Die Idee des Schönen

in der Weltgestaltung

bei

Thomas von Aquino.

Inaugural-Dissertation

der philosophischen Fakultät zu Jena

zur

Erlangung der Doktorwürde

vorgelegt

von

Wilhelm Molsdorf
aus Erfurt.

Jena 1891

G. Neuenhahn, Universitäts-Buchdrucker.

Inhalt.

Einleitung . . . . § 1
Grundlegende Auseinandersetzung des Begriffes
    der Ordnung . . . . § 2
Die ordinatio . . . . § 3
    1) Die materielle Welt.
    2) Die immaterielle Welt.
    3) Das Verhältnis des Uebels zur ordinatio.
Die executio ordinis . . . . . . § 4
    1) Die immaterielle Welt.
    2) Die materielle Welt.
    3) Das Verhältnis der Willensfreiheit zur executio ordinis.
Schluss . . . . § 5

§ 1.
Einleitung.

Zu der engen Verknüpfung von Mensch und Welt, wie sie den Kern des antiken Geisteslebens ausmachte, bildete das Christentum mit seiner ausschliesslichen Beziehung des Menschen zu Gott einen offenbaren Gegensatz. Scharf hob sich die eine Weltauffassung von der anderen ab, und an eine Vermittelung oder Ausgleichung ward zunächst nicht gedacht. Auch ist das begreiflich, denn solange das Christentum lediglich für die Erhaltung seiner Existenz alle Kräfte einzusetzen hatte, musste es naturgemäss seine Aufgabe mehr in einer kräftigen Ausprägung des ihm Eigenen als in einer Auseinandersetzung mit dem Ueberlieferten erblicken. Diese ablehnende Stellung gegenüber der griechisch-römischen Kultur wäre wohl dann für die Dauer denkbar gewesen, wenn die christliche Religion nur eine neben anderen und nicht die ausschliessliche sein wollte. Da aber das Christentum mit dem Anspruch einer die Welt durchdringenden Macht auftrat, so hätte eine derartige Nichtbeachtung der antiken Geistesarbeit die Lösung seiner Aufgabe geradezu unmöglich gemacht. Vielmehr war der endgültige Sieg nur von einer Auseinandersetzung mit der überkommenen Weltanschauung zu erwarten.

Auf eine solche Verknüpfung des Neuen mit dem Alten haben in gewissem Sinne bereits die Apologeten hingewirkt. Sie haben zuerst die christliche Religion aus ihrer

Sonderstellung herausgehoben und in einem weltgeschichtlichen Zusammenhang zu würdigen gesucht. Das antike wie das christliche Geistesleben wird hier unter den erziehenden Einfluss des Logos gestellt, nur mit dem Unterschied, dass dort diese Einwirkung als eine mittelbare hier dagegen als eine unmittelbare erscheint. Allein was die Apologeten boten, war doch nur ein Aneinanderfügen zu nennen, keine wirkliche Auseinandersetzung der streitenden Principien. An dieses Unternehmen wagte sich erst der Geist eines Augustin. Wie bereits im Kultus und der Verfassung der neuen Religion eine Verbindung von Altertum und Christentum eingetreten war, so wurde jetzt auch auf dem speziellen Gebiete der Wissenschaft von diesem Denker grossen Stiles der Versuch gemacht, christliche Lehren und griechische Kultur in Zusammenhang zu bringen. Die enge Beziehung, in die der Glaube alles Sein zu Gott setzte, sollte auch als ein Resultat wissenschaftlicher Untersuchung und Erörterung erwiesen werden. Doch auch Augustins Leistung gab nur mehr „Umrisse in grossen Zügen" als eine allumfassende Behandlung, in welcher „der gesamte Weltinhalt zum Christentum in nähere Beziehung getreten wäre"[1]).

Eine derartige Bearbeitung ging erst aus der Zeit des zwölften und dreizehnten Jahrhunderts hervor, wo die Einführung und Verwertung der neuerstandenen aristotelischen Philosophie in der christlichen Wissenschaft eine systematische Ausbildung derselben ermöglichte. Freilich kann zunächst der enge Bund, den Christentum und Aristoteles schlossen, als eine sehr auffällige Erscheinung angesehen werden. Allein es will zweierlei wohl beachtet sein: einmal waren nämlich in den christlichen Lehren durch den Einfluss des Platonismus besonders aber des Neuplatonismus, wie er durch die Schriften des Pseudo-Dionysius Areopagita

---

1) cf. Eucken: Die Philosophie des Thomas von Aquino und die Kultur der Neuzeit (Halle 1886) p. 5.

die weiteste Verbreitung gefunden hatte, mannigfache Wandlungen eingetreten. Andererseits bedeutet aber auch jene Erneuerung des Aristoteles nicht eine blosse Rückkehr zur reinen aristotelischen Lehre. Dieselben Einflüsse, die im Christentum manche Verschiebungen herbeiführten, haben auch auf den Charakter dieser Philosophie vielfache Einwirkungen ausgeübt und sie dem Geiste jener Zeit näher gebracht. So vollzog sich die Verbindung des Aristoteles mit der christlichen Religion leicht und brachte jene grossen, mittelalterlichen Systeme hervor, als deren vollendetstes das Thomistische anzusehen ist.

Nirgends verrät sich aber in der Arbeit dieser christlichen Denker ihre Abhängigkeit von der Gedankenwelt der Griechen so sehr als in den grossen kosmologischen Fragen. Gerade die der Antike eigentümliche Art, das Weltbild vom ästhetischen Gesichtspunkt aus zu gestalten, ist hier mit besonderer Vorliebe aufgegriffen und weiter ausgeführt worden.

Dies bei Thomas im näheren zu entwickeln wird unsere Aufgabe sein. Sie ist auch durch das Werk Vallet's: l'idée du beau dans la philosophie de Saint Thomas d'Aquin [1]) nicht überflüssig geworden; denn dieses berücksichtigt einmal die Thomistischen Lehren nur als Ausgangspunkt für eine selbständige Untersuchung, und zum anderen sind diese Erörterungen mehr der subjektiven Seite des Schönen zugewandt. Die Frage aber, wie objektiv das Schöne in der Weltgestaltung zur Verwendung kommt, bleibt dort ungelöst.

Vorausgeschickt sei noch die Definition des Schönen, wie wir sie in den beiden Summen finden, die als die vorzüglichsten Werke des Thomas die quellenmässige Grundlage für das folgende bilden werden. Daselbst wird das Schöne seinem Wesen nach als identisch aufgefasst mit dem Guten, von dem es sich nur der begrifflichen Fassung nach

---

1) 2º édit. Paris 1887.

(ratione) unterscheidet — eine Verknüpfung, die lebhaft an die Plotinische erinnert. Beide, das Gute und das Schöne, sind daher ein und dasselbe Endziel aller Dinge nur mit dem Unterschiede, dass das Gute das Objekt der vis appetitiva, das Schöne das der vis cognoscitiva bildet, denn schön ist, was durch seinen Anblick gefällt. Bedingt wird dieses Wohlgefallen aber durch die Verhältnismässigkeit [1]), und hierin nähert sich Thomas im Gegensatz zu Plotin wieder mehr der altgriechischen Anschauung. Präziser ist die Erklärung an einer anderen Stelle. Hier werden für den Begriff der Schönheit folgende drei Merkmale aufgestellt: 1) integritas sive perfectio, 2) eine debita proportio sive consonantia und 3) ganz in Anlehnung an die eigentliche Bedeutung des griechischen καλὸν (des Bunten und Glänzenden) eine gewisse claritas sive color nitidus [2]). Das wesentlichste Moment des Schönen wird also beiden Erklärungen zufolge in ein wohlgeordnetes Verhältnis der einzelnen Teile zum Ganzen, in die debita proportio sive consonantia, zu setzen sein.

Dementsprechend wird auch bei einer von solchen ästhetischen Principien geleiteten Weltbetrachtung, wie die

---

1) Th. (Summa theologica) II, 1 (Prima Secundae) q. 27 art. 1: Pulchrum est idem bono sola ratione differens. Cum enim bonum sit, quod omnia appetunt, de ratione boni est, quod in co quietetur appetitus. Sed ad rationem pulchri pertinet, quod in ejus aspectu seu cognitione quietetur apprehensio; unde et illi sensus praecipue respiciunt pulchrum, qui maxime cognoscitivi sunt, scilicet visus et auditus rationi deservientes; dicimus enim pulchra visibilia et pulchros sonos. In sensibilibus autem aliorum sensuum non utimur nomine pulchritudinis; non enim dicimus pulchros sapores aut odores. Et sic patet, quod pulchrum addit supra bonum quemdam ordinem ad vim cognoscitivam; ita quod bonum dicatur id, quod simpliciter complacet appetitui; pulchrum autem dicatur id, cuius ipsa apprehensio placet. — I q. 5 art. 4: Pulchrum respicit vim cognoscitivam, pulchra enim dicuntur, quae visa placent; unde pulchrum in debita proportione consistit.
2) Th. I, q. 39 art. 8.

des Thomas ist, der Begriff der Schönheit in dem einer harmonischen Ordnung, des ordo, aufgehen. Ordnung kann aber nur da herrschen, wo eine Vielheit und Mannigfaltigkeit sich entwickelt. Die Erklärung dieser Verschiedenheit der Dinge in der Welt ist aber bei Thomas durchaus keine einheitliche zu nennen; vielmehr durchkreuzen sich hier die Gedankenrichtungen. Einmal erscheint die Mannigfaltigkeit als etwas, das in der Unzulänglichkeit der kreatürlichen Wesen überhaupt begründet ist. Daher kann das Sein, welches in Gott simpliciter et unite vorhanden ist, bei dem Geschöpf nur composite et multipliciter zum Ausdruck gebracht werden[1]). Doch findet jene mehr spekulative Erklärung auch eine Ergänzung durch die ästhetische Wendung. In diesem Gedankengange tritt dann das bonum ordinis mit grosser Bedeutung für die Vollkommenheit der Welt in den Vordergrund; seine unerlässliche Voraussetzung ist aber eben die multiplicitas et varietas der Dinge[2]).

§ 2.
Grundlegende Auseinandersetzung des Begriffes der Ordnung.

Höchst charakteristisch ist nun die Thomistische Auffassung vom Wesen des ordo.

Zunächst wird derselbe zerlegt in eine Festsetzung

---

1) Cg. (Summa contra gentiles) II c. 45: Perfectam Dei similitudinem non possunt consequi res creatae secundum unam solam speciem creaturae: quia cum causa excedat effectum, quod est in causa simpliciter et unite, in effectu invenitur composite et multipliciter. — III c. 97; Th. I q. 47 art. 1.

2) Cg. II c. 45: Non debuit bonum ordinis operi Dei deesse. Hoc autem bonum esse non posset, si diversitas et inaequalitas creaturarum non fuisset.

(ordinatio) und Ausführung (executio ordinis). Beide haben zwar ihren letzten Grund in Gott, aber sie sind Produkte verschiedener Thätigkeiten, denn die ordinatio ist das Werk der virtus cognoscitiva, die executio ordinis das Ergebnis der virtus operativa. Bei dieser Scheidung bleibt aber Thomas nicht stehen. Er legt vielmehr noch einen anderen grossen Unterschied in die Begriffe hinein. Während nämlich die ordinatio um so vollendeter ist, wenn sie sich unmittelbar bis ins kleinste Detail erstreckt, wird die Vollkommenheit der executio ordinis darein gesetzt, dass das Geringere nicht direkt von der letzten Ursache ausgeführt werde, sondern durch untergeordnetere Kräfte.

Doch möge die Thomistische Auseinandersetzung über diesen Punkt, da sie die Grundlage für alles Folgende bildet, im Wortlaut beigefügt sein: Attendum est, quod ad providentiam duo requiruntur, ordinatio scilicet et ordinis executio. Quorum primum fit per virtutem cognoscitivam: unde qui perfectioris cognitionis sive cogitationis sunt, ordinatores aliorum dicuntur, sapientis enim est ordinare. Secundum vero fit per virtutem operativam. E contrario autem se habet in his duobus: nam tanto perfectior est ordinatio, quanto magis descendit ad minima; minimorum autem executio condecet inferiorem virtutem effectui proportionatam. In Deo autem quantum ad utrumque summa perfectio invenitur: est enim in eo perfectissima sapientia ad ordinandum. Oportet ergo, quod ipse per sapientiam suam omnium ordines disponat etiam minimorum; exequatur vero minima sive infima per alias inferiores virtutes, per quas ipse operatur, sicut virtus universalis et altior per inferiorem et particularem virtutem. Conveniens est igitur, quod sint inferiores virtutes agentes diviniae providentiae executrices (Cg. III c. 77).

Bloss eine andere Bezeichnung derselben Sache ist es, wenn für ordinatio der Ausdruck intentio oder ratio ordinis eintritt¹), oder wenn von einer ratio oder executio gubernationis die Rede ist²). Denn gubernatio und ebenso providentia wie ordo sind bei Thomas korrespondierende Begriffe³). Auf Grund dieser für Thomas überaus bedeutsamen Unterscheidung werden wir die ästhetischen Gedanken der Thomistischen Weltgestaltung nach den beiden Gesichtspunkten der ordinatio und der executio ordinis zu verfolgen haben.

§ 3.
Die ordinatio.

Geht man der Thomistischen Ansicht von der Festsetzung der Ordnung nach, so findet sich auch hier wie in den vorangegangenen Systemen der christlichen Philosophie der Platonische Gedanke vertreten, dass die irdische Welt das Abbild einer übersinnlichen sei. Allein der Rest von ontologischer Realität, der nach der Plotinischen Umformung der Platonischen Doktrin den Ideen noch blieb, ging schon frühe bei den mittelalterlichen Denkern mehr und mehr verloren. Denn sie suchten nicht zu dem Sokratischen Begriff das Objekt, sondern zu dem persönlichen Gottesgeiste ein vermittelndes Glied für die Schöpfung der Welt⁴). Daher schreibt Thomas auch den Urbildern keine selbständige

---

1) Th. II, 1 q. 1 art. 4; q. 25 art. 2 u. 4.
2) Th. I q. 103 art. 6.
3) Cg III c. 64: Nihil aliud est gubernare aliquam rem quam ei ordinem imponere. Th I q. 23 art. 4: Providentia sicut et prudentia est ratio in intellectu existens praeceptiva ordinationis aliquorum in finem.
4) cf. Ueberweg-Heinze: Grundriss der Geschichte der Philosophie. Bd. 2, 7. Aufl. p. 169.

Existenz mehr zu, sondern fasst dieselben lediglich als Begriffe des göttlichen Intellektes[1]). Nach dem Muster dieser Ideen hat nun Gott die Welt aus nichts geschaffen durch freiwillige Mitteilung seines Seins[2]). Wie aber in der Vielheit der ideellen Urbilder in Gott ein harmonisches Verhältnis herrscht, so wurde auch bei ihrer abbildlichen Realisierung der Gedanke der Ordnung der leitende. Das ganze aus Gott emanierte Sein stellt sich nämlich bei Thomas in Anlehnung an die Aristotelische Philosophie in einer Stufenfolge dar, die vom Niederen zum Höheren aufsteigt. Zu unterst befindet sich die reine Materie, die als solche allerdings in Wirklichkeit nicht angetroffen wird, da ihr in Folge des Mangels jeder Form ein Sein im eigentlichen Sinne nicht zukommt, sondern nur reine Potentialität[3]). Wie bei Aristoteles so bleibt eben auch bei Thomas diese prima materia ein unerklärtes etwas, das sich unserer Vorstellungskraft gänzlich entzieht. Bei einer solchen Beschaffenheit der ersten Materie ist es offenbar, dass sie nicht lediglich von sich aus die mannigfaltigen Arten des Seins hervorbringen kann, und daher überträgt Thomas die Setzung der verschiedenen species in ersten Exemplaren unmittelbar der schöpferischen Thätigkeit Gottes selbst[4]).

---

1) Th. I q. 44 art. 3: In divina sapientia sunt rationes omnium rerum, quas supra diximus ideas, id est formas exemplares in mente divina existentes — q. 15 art. 1: Deus habet rationem ideae secundum quod ad alia comparatur, non autem secundum quod comparatur ad ipsum Deum.
2) Th. I q. 45 art. 2; Cg. II c. 16. 37.
3) Th. I q. 7 art. 2: Materia prima non existit in rerum natura per se ipsam, cum non sit ens in actu sed potentia tantum; unde magis est aliquid concreatum quam creatum. q. 115 art. 1.
4) Th. I q. 45 art. 1: Si sonsideremus emanationem totius entis universalem a primo principio, impossibile est, quod aliquod ens praesupponatur huic emanationi. Idem autem est nihil, quod

Alle diese verschiedenen von Gott direkt geschaffenen Arten des Seins lassen sich aber in zwei Gebiete einreihen — in ein Reich der körperlichen Dinge und in ein solches der geistigen Wesen.

1) Die materielle Welt.

Bei einer Betrachtung der ersteren ergiebt sich wohl das als charakteristisches Merkmal dieser ganzen Gruppe, dass die Formen, die ja den eigentlichen Kern des Seins ausmachen, hier nicht mehr fähig sind, selbständig als solche zu existieren und wie bei den substantiae immateriales subsistente Individuen zu bilden. Sie sind vielmehr genötigt, eine ihrem Wesen entsprechende materielle Verbindung einzugehen und stellen auf diese Weise auch die essentiellen Unterschiede von Gattungen und Arten her, bei denen die Einheit in eine Vielheit besonderer Subsistenzen auseinandergeht [1]. Doch lässt sich bei der Begründung der verschiedenen Gattungen der körperlichen Dinge das Princip der Harmonie nicht verkennen, denn alle diese materiellen Seinsphären stehen von der untersten bis zur höchsten in geregelten und geordneten Beziehungen zu einander, indem nämlich die Existenz der höheren Gattung diejenige der niederen zur unerlässlichen Voraussetzung hat.

Das einfachste Glied dieser Kette und somit das notwendige Substrat aller Erscheinungen der Körperwelt sind die corpora simplicia, die Elemente. Mit der prima materia zwar noch am meisten verwandt, sind sie durch Aufprägung bestimmter Formen doch Aktualitäten, die unter sich schon nicht mehr alle gleichwertig sind, sondern gewisse Rang-

---

nullum ens. Sicut igitur generatio hominis est ex non ente, quod est non homo, ita creatio, quae est emanatio totius esse, est ex non ente, quod est nihil.

[1] cf. Karl Werner: Der heilige Thomas von Aquino Bd. 2. 1859. p. 194 f.

stufen repräsentieren, indem Luft und Feuer die edleren, Erde und Wasser die geringeren Grundstoffe bilden [1]. In dem Wesen der Elemente ist nun die Möglichkeit der verschiedenartigsten Zusammensetzung des einen mit dem anderen begründet, und als Resultat dieses Prozesses ergiebt sich eine Fülle von corpora mixta, die in ihren einfachen Produkten die Welt des anorganischen, in ihren ausgebildeteren die des organischen Lebens zur Erscheinung bringen [2]. Wie aber in der leblosen Natur die engste Verkettung der Dinge untereinander herrscht, so auch in der belebten, und zwar sind es hier wie bei Aristoteles näher drei Stufen, die dem Sein in dieser Sphäre vom Schöpfer gesetzt sind, je nach dem Charakter des Leben gebenden Princips der organischen Bildungen, der anima [3]. Das geringste Erzeugnis dieser Welt kommt in der Pflanze zum Vorschein, die in ihrer anima vegetativa die Kräfte der Ernährung, des Wachstums und der Fortpflanzung birgt [4]. Gesellt sich zu diesen Seelenvermögen noch die Empfindung, so erhebt sich die anima vegetativa zur sensitiva, dem Lebensprincip der tierischen Kreatur [5], und dieses, wiederum bereichert um die Erkenntnisthätigkeit, bringt die menschliche Seele zur Darstellung — den Höhepunkt des sublinarischen Seins [6].

So bilden in der That die Erscheinungen der körperlichen Welt gewissermassen eine Stufenleiter, als deren breite Absätze sich das Reich des leblosen Stoffes, der Pflanzen, Tiere und Menschen ergeben. Aber auch innerhalb dieser

---

1) Cg. II c. 90; Th. I q, 74 art. 1.
2) Cg. II c. 90: Elementa ipsa sunt propinquiora materiae primae quam corpora mixta, cum et ipsa sint mixtorum corporum materia proxima.
3) Th. I q. 75 art. 1 (Conclusio): Anima est primum principium vitae in his, quae apud nos vivunt. — q. 76 art. 4.
4) Th. I q. 78 art. 2 (Conclusio).
5) Th. I q. 79 art. 1; II, 1 q. 3 art. 3.
6) Th. I q. 58 art. 3; q. 79 art. 1.

Gebiete findet sich eine graduelle Verschiedenheit, so dass zwischen den vollkommensten Produkten des niederen genus und den mangelhaftesten des höheren die grösste Ähnlichkeit besteht, wie denn z. B. die unbeweglichen Tiere den Pflanzen gleichen¹). Damit ist aber die Ordnung aller dieser Gebilde zu einander noch nicht völlig erschöpft, sondern macht sich auch noch hinsichtlich ihres Unterhaltes geltend, insofern nämlich die niedere Klasse der höheren die zum Leben nötige Nahrung darbietet²).

Bevor wir aber das Gebiet der körperlichen Schöpfung verlassen und zum Bereiche der substantiae immateriales übergehen, verlangt die Thomistische Auffassung vom Menschengeschlecht noch eine etwas eingehendere Würdigung. Mit der unter ihm stehenden Kreatur durch den Anteil am materiellen Sein zwar aufs engste verwandt, erhebt sich der Mensch andererseits doch bedeutend dadurch über dieselbe, dass er zugleich ein intelligentes, ein geistiges Wesen ist. Die gleiche doppelte Beziehung, bloss auf einen anderen Ausdruck gebracht, spricht sich auch darin aus, dass das Wesen des Menschen in concreto durch eine individualisierende Form zur Erscheinung kommt, der Charakter der Gattung aber durch die Materie repräsentiert wird, mit der sich die Form verbindet³). So kann mit Recht der

---

1) Cg. III c. 97.
2) Cg. III c. 22: Videmus, quod corpora mixta sustentantur per elementorum congruas qualitates, plantae vero ex mixtis corporibus nutriuntur, animalia ex plantis nutrimentum habent, et quaedam etiam perfectiora et virtuosiora ex quibusdam imperfectioribus et infirmioribus, homo vero utitur omnium rerum generibus ad sui utilitatem.
3) Cg. IV c. 81: Homo significat quaedam principia essentialia speciei, sed non excludit principia individuantia a sui significatione; nam homo dicitur qui habet humanitatem, ex quo non excluditur, quin alia habere possit; et propter hoc homo significat per modum totius, significat enim principia speciei essentialia in actu, individuantia vero in potentia. Socrates vero

Mensch angesehen werden als eine Brücke zum Reiche der reinen Geister, als der Horizont, in welchem sich die körperliche und geistige Welt berühren[1]), als ein kleines Spiegelbild des grossen Universums[2]), das in der schönsten Weise die Vermittelung der Gegensätze dieser beiden Sphären zur Anschauung bringt. Mit der Materie behaftet, stellt sein Leib nicht bloss das Produkt einiger Elemente dar, sondern eine Vereinigung aller vier. Doch entsprach es der göttlichen Weisheit, das Verhältnis dieser Grundstoffe bei der Krone der Schöpfung so zu ordnen, dass die edleren, das Feuer und die Luft, über die geringerwertigen das Uebergewicht erhielten. Und in ähnlicher Weise vollzog sich die Ausstattung des Menschen mit seinen Gaben und Fertigkeiten. Denn wenn auch nicht in Abrede gestellt wird, dass bei manchen untergeordneteren Kreaturen gewisse Fähigkeiten weit besser entwickelt sind als in der menschlichen Natur, wie z. B. der Geruchsinn der Hunde, die Beweglichkeit der Vögel, die natürliche Bewaffnung einzelner Raubtiere, und was dergleichen mehr ist[3]), so beruht doch gerade die Einzigartigkeit des Menschen wieder darin, dass alle diese verschiedenen Anlagen sich bei ihm durch die wohlberechnetste Ausbildung zur schönsten Harmonie verbinden[4]).

---

significat utraque in actu, sicut et differentiam genus habet potestate, species vero actu.
1) Cg. II c. 68.
2) Th II, 1, q. 2 art. 8: Tota universitas creaturarum, quae dicitur major mundus, comparatur ad hominem, qui in VIII Phys. (Aristotelis) dicitur minor mundus, sicut perfectum ad imperfectum. — q. 17 art. 8.
3) Th. I q 91 art. 3.
4) Th. I q. 91 art. 3 (Conclusio): Recte dicitur corpus humanum formatum fuisse ab artifice Deo in optima dispositione; non simpliciter, sed secundum quod congruit animae rationali et ejus operibus.

Wie aber nach seiner äusseren Erscheinung der Mensch ein lebendes Bild des ordo darstellt, so auch nach seinem Innenleben. Ist die anima vegetativa der Pflanze und die anima sensitiva des Tieres die notwendige Voraussetzung seiner Seele, und hat er dem entsprechend von den Seelenkräften das genus vegetativum, sensitivum, appetitivum und motivum mit der niederen Kreatur gemein, so gesellt sich zu diesen vier, als ihm vermöge seiner Verwandtschaft mit der Welt der reinen Geister spezifisch gehörig, noch der Intellekt hinzu. Aber diese Vielheit wird nicht der Grund einer Verwirrung und Unordnung, sondern auch die seelischen Vermögen stehen in den geregeltsten Beziehungen zu einander und zwar näher in dreifacher Hinsicht: einmal nämlich nach der nätürlichen Beschaffenheit der drei Teile der menschlichen Seele dem Grundsatze gemäss: perfecta sunt naturaliter imperfectis priora, so dass das Vermögen der anima intellectiva über dem der anima sensitiva und vegetativa steht. Die andere Ordnung hat zu ihrem Ausgangspunkt die Entwickelung des Menschen, und hier nehmen naturgemäss die ernährenden Kräfte die erste Stelle ein, indem sie „in via generationis" die Voraussetzung für das Empfindungsvermögen sind, und dieses wieder die Grundlage für die Entstehung der intellektuellen Fähigkeiten bildet[1]). Eine dritte Beziehung geht aus von den äusseren Objekten, die auf die Seele einwirken, und kommt beim Gesicht, Gehör und Geruch in Anwendung. Hier soll nämlich die Rangstufe dieser sensitiven Kräfte in der eben angegebenen Reihenfolge sich aus der Ordnung der äusseren Vorgänge ergeben, indem das Sichtbare, weil es die ganze Körperwelt umfasst, früher dem Menschen zum Bewusstsein komme als der Schall, der bloss im Bereiche der Luft und der Geruch, der erst durch Verbindung mehrerer Elemente

---

1) Th. 1 q. 77 art. 4.

zur Wahrnehmung gelangt [1] — eine ziemlich summarische Art, das schon im Altertum oft behandelte Problem der Rangordnung der Sinne zu lösen.

Weil aber der Mensch infolge der harmonischen Ausstattung seiner physischen wie psychischen Kräfte zweifelsohne das höchste Gebild der sublinarischen Schöpfung ausmacht, so muss er auch, wie ja alles Sein überhaupt vermöge seines Ursprunges den Stempel der Gottähnlichkeit trägt, innerhalb der Erscheinungswelt die göttliche Ebenbildlichkeit am vollkommensten darstellen. Aber es verdient Beachtung, dass Thomas an diesem Vorzuge, den das Menschengeschlecht vor allen anderen irdischen Kreaturen hat, das Weib nur in einem geringeren Masse anteil nehmen lässt als den Mann, weil dieser dem biblischen Schöpfungsberichte gemäss den Ausgangspunkt für die Existenz des weiblichen Wesens bildet [2]). Den letzten Grund für diese Herabsetzung des Weibes unter den Mann wird man jedoch wohl darein zu setzen haben, dass Thomas, wie er ja für das All überhaupt eine Einheit in Gott geltend macht, auch für die körperliche Welt im speziellen einen einheitlichen Faktor im männlichen Menschen aufzustellen suchte, der das, was Gott für das Universum repräsentiert, innerhalb der irdischen Seinssphäre zum Ausdruck bringt.

Eine derartige Herabsetzung des Weibes wurde aber dem Thomas wissenschaftlich nur durch seine Hingebung

---

1) ibid.: Secundum ordinem tertium (sc. ordinem objectorum) ordinantur quaedam vires sensitivae ad invicem, scilicet visus, auditus et olfactus; nam visibile est prius naturaliter, quia est commune superioribus et inferioribus corporibus, sonus autem audibilis fit in aere, qui est naturaliter prior commixtione elementorum, quam sequitur odor.

2) Th. I q. 93 art. 4: Quantum ad aliquid secundarium imago Dei invenitur in viro, secundum quod non invenitur in muliere. Nam vir est principium mulieris et finis, sicut Deus est principium et finis totius creaturae.

an die Autorität des Aristoteles möglich, dem bekanntlich das weibliche Wesen als unvollkommener denn der Mann, als ein nicht völlig gelungenes Produkt der Wirksamkeit der Natur, galt. Dies ging nun in einer, wenn auch etwas abgeschwächten Fassung mit in das System des christlichen Denkers über. Leider hat aber diese Annahme der Thomistischen Kosmologie in der Sittenlehre den Satz nach sich gezogen, dass dem Vater als dem aktiven Zeugungsprinzipe an und für sich (als Vater) mehr Liebe zu zollen sei als der Mutter [1]). Und für diese Lehre trägt Thomas allein die volle Verantwortlichkeit, denn für sie kann er sich nicht auf Aristoteles berufen, der in seiner praktischen Philosophie keinen derartigen Unterschied in der Schätzung der Eltern kennt.

2) **Die immaterielle Welt.**

Mit der Betrachtung des genus humanum haben wir jedoch z. t. schon das Reich des körperlichen Seins überschritten, denn als intelligentes Wesen ist der Mensch auch Bürger der unsichtbaren Welt der creaturae immateriales. Erforderlich aber war die Schöpfung derselben, wenn das Universum ein in sich völlig abgeschlossenes, Gott in gewissem Sinne ähnliches Ganze sein sollte, und darum musste die Wirkung, die bei der Schöpfung aus Gott hervorgegangen war, wieder zu ihrem Ausgangspunkt zurückkehren [2]).

---

1) Th. II, 2 (Secunda Secundae) q. 26. art. 10 (Conclusio): Pater magis est per se diligendus quam mater, cum sit activum generationis principium, mater vero passivum.

2) Th. I q. 50 art. 1: Necesse est ponere aliquas creaturas incorporeas. Id enim quod praecipue in rebus creatis Deus intendit, est bonum, quod consistit in assimilatione ad Deum. Perfecta autem assimilatio effectus ad causam attenditur, quando effectus imitatur causam secundum illud, per quod causa producit effectum, sicut calidum facit calidum. Deus autem creaturam producit per intellectum et voluntatem. Unde ad perfectionem

Das Prinzip der weltbildenden Bewegung konnte aber bei Gott, dem allergeistigsten Wesen, nur eine intellektuelle Fähigkeit bilden. So gebot die Harmonie ausser der Setzung der materiellen Dinge auch noch die Hervorbringung der reinen Geister, damit die erste Vollkommenheit des Universums, das Sein, nicht der zweiten, der Verstandes- und Willensbethätigung, ermangelte. Während aber im Gebiete der körperlichen Erscheinungen die Formen in Folge ihrer notwendigen materiellen Einkleidung gehindert sind, subsistente Individuen zu bilden, so fällt natürlich im Gebiete der immateriellen Substanzen diese Schranke und damit auch die durch die Materialität begründeten Unterschiede von Gattung und Art. Alle geistigen Wesen bilden daher eine einzige Gattung, und jedes einzelne für sich seine eigene Art [1]).

Obwohl sich nun diese ganze überirdische Sphäre der menschlichen Erkenntnis und Forschung entzieht, so haben die mittelalterlichen Philosophen dessen ungeachtet uns ein genaues Bild von derselben zu entwerfen gewusst. Freilich nicht auf Grund wissenschaftlicher Ergebnisse, sondern der Phantasie, wie sie ja oft in dieser Philosophie die exakte Untersuchung ganz zurückdrängt. Und auch in diesem Punkte ist Thomas ein Kind seiner Zeit, indem er, gestützt auf biblische Zeugnisse und mehr noch auf die Produkte der mystischen Kontemplation des Pseudo-Dionysius Areopagita, uns eine Darstellung dieser geistigen Welt giebt, die bis in die kleinsten Teile herab die ordnende Hand des Schöpfers verraten soll.

---

universi requiritur, quod sint aliquae creaturae intellectuales. — Cg. II c. 46.

1) Cg. II c. 93: Substantiae separatae non habent omnino materiam, neque quae sit pars earum, neque cui uniantur ut formae. Impossibile est igitur, quod sint plures unius speciei. — Th. I q. 50 art. 4 (Conclusio).

Je nach der Stärke der Anlage der intellektuellen Fähigkeiten zerfällt das ganze Geisterreich in drei grosse Hierarchien [1]. Die erste bilden die Seraphim, Cherubim und Throni; die zweite setzt sich zusammen aus den Dominationes, Virtutes und Potestates, und zur dritten gehören die Principatus, Erzengel und Engel. Ebenso macht sich auch in der Ordnung dieser drei Hierarchien sowie unter den Wesen einer jeden dieser Stufen im besonderen eine Beziehung nach demselben Prinzipe geltend [2]. Die Unterschiede, die aber nach Thomas ein solches Rangverhältnis begründen sollen, im einzelnen zu verfolgen, hat kein Interesse. Genug — auch in dieser Sphäre der Welt gilt es, dass der Gedanke der Harmonie bei der Schöpfung derselben der leitende gewesen ist.

3) Das Verhältnis des Uebels zur ordinatio.

Haben wir somit in dem Thomistischen Weltbilde bei den materiellen wie immateriellen Substanzen eine durch essentielle Abstufungen festbegründete Ordnung angetroffen, so ist doch bisher die Frage von uns ausser acht gelassen, durch welche Faktoren sich Thomas solche graduelle Unterschiede überhaupt zustande gekommen denkt. Denn nur die Erklärung hat er uns gegeben, dass im Wesen der Kreatur von vorn herein der Mangel liege, das Eine göttliche Sein bloss in einer Vielheit zum Ausdruck bringen zu können [3]. Allein diese Annahme erklärt jedenfalls das nicht, wie die an dem doch zweifelsohne einheitlichen Charakter des göttlichen Seins partizipierenden Produkte der Schöpfung die qualitativen Unterschiede der Vollkommenheit und Unzulänglichkeit an sich zu tragen vermögen.

---

[1] Cg. III c. 80; Th. I q. 108 art. 4.
[2] Cg. III c. 80; Th. I q. 108 art. 5. 6.
[3] cf. oben § 1.

Diese Schwierigkeit löst nun Thomas mit Zubülfenahme des Uebels, indem er die Dinge, wie er sie stufenweise am Sein als den Guten teil nehmen lässt, ebenso auch mit dem malum in Beziehung bringt, nur in umgekehrter Ordnung. Fragt man freilich, woher das Uebel seinen Ursprung habe, so findet man auch bei Thomas ebensowenig wie bei seinen mittelalterlichen Vorgängern eine befriedigende Lösung des Problems. Wie bei diesen so wird auch hier die aus dem Neuplatonismus stammende Annahme vertreten, dass dem malum gar keine selbständige Existenz zukomme, sondern bloss ein esse per accidens und deshalb auch nicht von Gott bei Erschaffung der Welt gesetzt, sondern bloss zugelassen sein könne [1]). Dass eine solche Auffassung des Bösen auch für das Problem der Freiheit die grösste Bedeutung hat, ist offenbar. Denn wenn dem malum lediglich der Charakter des von Gott Zugelassenen beigelegt wird, so bleibt die freie Selbstentscheidung des Menschen für das Gute oder Böse völlig gewahrt, und es bietet sich so ein weites Feld, auf dem er seine Freiheit bethätigen kann. Gerade diese Möglichkeit vom Guten abzufallen ist für die Thomistische Wertschätzung der Welt ein wichtiger Faktor, und wenn diese Freiheit fehlen würde, müsste das All eines guten Teiles seiner Vollkommenheit entbehren [2]). Allein die Schwierigkeiten, die eine solche Erklärung hat, springen von vorn herein in die Augen, denn ein Dilemma

---

1) Th. 1 q. 48 art. 1: Non potest esse, quod malum significet quoddam esse aut quamdam formam seu naturam. Relinquitur ergo, quod nomine mali significetur quaedam absentia boni, und q. 49 art. 2 (Conclusio): Cum summum bonum perfectissimum sit, mali causa esse non potest, nisi per accidens.

2) Th. 1 q. 48 art. 2: Deus et natura et quodcumque agens facit quod melius est in toto sed non quod melius est in unaquaque parte, nisi per ordinem ad totum. Ipsum autem totum, quod est universitas creaturarum, melius et perfectius est, si in eo sint quaedam quae a bono deficere possunt, quae interdum deficiunt, Deo hoc non impediente.

ist hier unvermeidlich. Legt man nämlich das Gewicht auf den Gedanken der Unselbständigkeit, so schreibt man dem Uebel eine so nebensächliche Bedeutung zu, wie sie jeder Erfahrung widerstreitet. Betont man aber mehr den Charakter des von Gott Zugelassenen, so führt dies zu der bedenklichen Konsequenz, dass dann auch in den göttlichen Ideen die irdischen Defekte eine vorbildliche Existenz haben müssen 1).

Je weniger nun Thomas nach Seite der Aetiologie mit dem malum etwas anzufangen weiss, um so mehr kann es bei seiner Betrachtung der Welt vom ästhetischen Gesichtspunkte aus zur Geltung kommen.

Verfolgt man die hierher gehörigen Gedankenreihen etwas genauer, so wird man finden, dass das Uebel in engem Zusammenhang steht mit dem Schönen. Denn was prägt denn nach Thomas der Welt den Stempel der Schönheit auf wenn nicht, wie wir im vorangehenden gezeigt haben, die harmonische Verknüpfung der vielgestaltigsten und vielartigsten Produkte der Schöpfung? Diese wohlthuende Abwechselung in den Erscheinungen würde aber zu monotoner Einförmigkeit herabsinken, und die Welt infolge dessen eines Teiles ihrer Vollkommenheit verlustig gehen, wenn die Dinge, nur im göttlichen Sein subsistierend, ganz ausserhalb jeder Berührung mit dem malum stünden. Sie würden nur lauter bona repräsentieren, deren Wert uns infolge des gänzlichen Mangels an Defekten gar nicht recht zum Bewusstsein gelangen würde 2). Denn wie die Musik erst dann eine angenehme Wirkung hervorruft, wenn ihrer mit Unterbrechung

---

1) cf. Frohschammer: Die Philosophie des Thomas von Aquino, 1889 p. 247 ff.
2) Cg. III c. 71: Bonum ex comparatione mali magis cognoscitur, et dum aliqua mala perpetrantur, ardentius bona optamus.

gepflegt wird, so kann das Gute auch erst voll zur Bedeutung kommen, wenn man es mit dem malum in Vergleichung stellt[1]). Darum beruht hier wie bei Plotin die Schönheit der Welt auf einer geordneten Verknüpfung von Gütern und Uebeln[2]). Ohne eine solche Verbindung würde überhaupt die Existenz ganzer Klassen von Wesen der kreatürlichen Welt, die doch zu ihrem Schmucke unbedingt mit beitragen, nicht möglich sein, weil die Erhaltung der einen durch eine teilweise Vernichtung der anderen bedingt wird[3]).

Aber nicht bloss im Bereiche des physischen Lebens gilt der Satz, dass das Uebel die indirekte Ursache von Gütern sei, sondern er wird auch auf das geistige Gebiet übertragen, namentlich auf das moralische. Denn hier macht Thomas die Erwerbung einer Reihe der schönsten Tugenden, die das Leben der Menschen zu zieren vermögen, erst von einer Bethätigung des malum abhängig. Es würde z. B. keine Geduld und kein Märtyrertum geben, wenn nicht die aus dem Bösen entspringenden Gegenwirkungen der Ungerechtigkeit und Verfolgung vorhanden wären[4]). Allerdings ist und bleibt auch bei Thomas das Uebel im einzelnen betrachtet ein Mangel, bei dem der Charakter des Hässlichen

---

1) Cg. III c. 71: Ex eis (sc. malis) quaedam bona consequuntur ex providentia gubernantis, sicut et silentii interpositio facit cantilenam esse suavem.
2) ibid.: Si malum a quibusdam partibus universi subtraheretur, multum deperiret perfectionis universi, cujus pulchritudo ex ordinata bonorum et malorum adunatione consurgit, dum mala ex bonis deficientibus proveniunt.
3) Th. I q. 22 art. 2: Si omnia mala impedirentur, multa bona deessent universo; non enim esset vita leonis, si non esset occisio animalium. — q. 48 art. 2.
4) Cg. III c. 71: Multa bona sunt in rebus, quae, nisi mala essent, locum non haberent; sicut non esset patientia justorum, si non esset malignitas persequentium; nec esset locus justitiae vindicativae, si delicta non essent. — Th. I q. 22 art. 2; q. 48 art. 2.

nicht geleugnet werden kann, aber es verhält sich mit der Beurteilung dieser Defekte in der Schöpfung bei ihm ähnlich wie mit derjenigen eines Verwaltungssystems. Wie hier die im einzelnen begangenen Fehler nicht in betracht kommen den durch sie erzielten Erfolgen im gesamten gegenüber, so sind auch von Gott einige mala in gewissen Gebieten zugelassen worden, um dadurch die Vollkommenheit und Schönheit des Universums zu heben [1]).

Wenn man sich nun auch eine Beurteilung nach dem Grundsatze: bonum totius praeeminet bono partis [2]) gefallen lassen kann und die Anwendung davon für eine Betrachtung der Welt im grossen zugestehen mag, so fühlt man doch bei dieser ganzen Auseinandersetzung, dass die Thomistische Beurteilung des Uebels der Grösse und Bedeutung desselben durchaus nicht gerecht wird. Und das ist eben ein Mangel, der sich bei jeder ästhetischen Weltauffassung herausstellt. Weil hier der Mensch lediglich als betrachtendes Wesen der Welt gegenübersteht, kommt naturgemäss bloss die Anschauung als beurteilender Faktor in betracht. Diese bildet jedoch nur ein Stück eines weiteren und realeren Lebensprozesses, denn die Natur des Menschen geht nicht auf in der Betrachtung, er ist vielmehr auch ein fühlendes und handelndes Wesen. Nach dieser Richtung hin ist aber das malum, mag es uns nun im Kampf ums Dasein oder in der Sünde entgegentreten, doch eine ganz andere Macht, als wir sie in der philosophischen Spekulation des Thomas lediglich vom Standpunkte einer von der Idee des Schönen geleiteten Weltansicht gewürdigt sehen.

---

1) cf. Cg. III c. 71; Ad prudentem gubernatorem pertinet negligere aliquem defectum bonitatis in parte, ut fiat augmentum bonitatis in toto; sicut artifex abscondit fundamentum sub terra, ut tota domus habeat firmitatem.
2) ibid.

§ 4.
Die executio ordinis.

Stellt sich uns somit die Welt nach ihrer Setzung ins Dasein betrachtet als ein harmonisches Ganze dar, so ist doch hierin nur erst die eine Seite des Thomistischen Begriffes der Ordnung zum Ausdruck gekommen — die ordinatio. Wie wir gesehen haben[1]) beruhte die unmittelbare Schöpfung der essentiellen Abstufungen auf einer völlig freien Selbstbethätigung der göttlichen Liebe, einzig zu dem Zweck veranstaltet, auch das Universum durch Mitteilung des Seins an der eigenen Vollkommenheit teil nehmen zu lassen. Bei der Annahme solcher Motive ist es aber eigentlich etwas ganz Selbstverständliches, dass Thomas die Beziehung Gottes zu seinem Werke mit der Schöpfung nicht zum Abschluss gebracht und die Entwickelung desselben einem blinden Zufall anheimgegeben sein lässt. Vielmehr wird das bei der Schöpfung im ordo zum Ausdruck gelangte Verhältnis der Welt zu Gott auch für die Fortdauer ihrer Existenz ein für allemal als grundlegendes Prinzip aufgestellt. Erst dann konnte der Schöpfer dem Abbilde seiner Ideen das Prädikat der Vollkommenheit ganz zuerteilen, wenn zu der Ordnung der die Welt in ihrem Sein begründenden Faktoren auch eine solche der diesen für ihre Er-

---

1) cf. oben § 3.

haltung mitgegebenen Lebenskräfte hinzukam[1]). Insofern nun das Resultat alles dessen, was durch die causae secundae geschieht, von vornherein von Gott vorhergesehen ist, kann Thomas auch von einem Fatum reden[2]). Doch ist diese Ausführung der Ordnung, wie eingangs bemerkt[3]), ihrem Charakter nach verschieden von der Festsetzung derselben. Denn die executio ordinis kommt im Gegensatz zur ordinatio erst dann zur Vollendung, wenn der regierende Einfluss der prima causa sich nicht direkt bis auf das einzelne ausdehnt, sondern sich hierzu der vermittelnden Thätigkeit der causae secundae bedient. Wie aber bei der Schöpfung der Welt zum Dasein der Zweck für den hier in Betracht kommenden Teil des ordo der war, durch die Harmonie dem Universum den Stempel der Gottähnlichkeit aufzudrücken, so bildet auch für die Ordnung der Bethätigung der die Dinge bewegenden Kräfte der Gedanke das Endziel, diese ebenbildliche Anlage zur wirklichen Verähnlichung mit Gott zu erheben[4]).

1) Die immaterielle Welt.

Parallel der Abstufung der göttlichen Seinsmitteilung macht sich nun ebenfalls in den Aeusserungen ihrer Kräfte ein gleicher Unterschied geltend nämlich je nach dem Grade

---

1) Cg. II c. 46: Perfectio secunda in rebus addit supra primam perfectionem. Sicut autem esse et natura rei consideratur secundum primam perfectionem, ita operatio secundum perfectionem secundam.

2) Th. I q. 116 art. 4 (Conclusio): Fatum est ordinatio secundarum causarum ad effectus divinitus provisos, ea, quae a Deo immediate fiunt, non subduntur fato: sed ea sola et omnia, quae subduntur secundis causis. ibid. art. 1. 2. 3; Cg. III c. 93.

3) cf. oben § 2.

4) Cg. III c. 19: Omnia per motus suos et actiones tendunt in divinam similitudinem sicut in finem ultimum.

der Selbständigkeit und der Grösse des Bereiches, auf den sich der bewegende Einfluss erstreckt.

Auch hier stehen vermöge der besten essentiellen Ausstattung die substantiae immateriales Gott am nächsten, die als rein intellektuelle Wesen die ersten executrices des im Reiche der Geister begründeten ordo bilden, indem sie, nur von der prima causa abhängig, in völlig freier Selbstbethätigung den Ratschluss der göttlichen Providenz zur Ausführung bringen [1]). Aber je nach der Stärke der geistigen Anlagen und Gaben weiss die Thomistische Phantasie auf Grundlage der Spekulation des Areopagiten auch in dem Wirken dieser unsichtbaren Geschöpfe eine feststehende Ordnung zu finden.

Nicht alle Engel sind in gleicher Weise in die Mysterien der göttlichen Weltregierung eingeweiht, sondern empfangen die ihnen zukommende Kenntnis derselben teils auf eine unmittelbare teils mittelbare Art. Direkt von Gott werden nur die Glieder der ersten Hierarchie in seine Ratschlüsse eingeführt, und darum sind sie noch keine eigentlich dienstbaren Geister, sondern Gott assistierende Wesen und die informierenden Instanzen für die Genossen der niederen Hierarchien [2]), bei denen nun wiederum in der früher angeführten [3]), Abstufung der höhere Geist auf den Intellekt des niederen einen erleuchtenden Einfluss ausübt [4]). Die charak-

---

1) Cg. 3 c 78: Solae creaturae intellectuales operantur per se ipsas, utpote suarum operationum per liberum voluntatis arbitrium dominae existentes.
2) Th. I q. 112 art. 3: Non omnes angeli secreta divinorum mysteriorum in ipsa claritate divinae essentiae percipere possunt; sed soli superiores, per quos inferioribus denuntiantur; et secundum hoc soli superiores, qui sunt primae hierarchiae, assistere dicuntur.
3) cf oben § 3, 2.
4) Th. I q. 106 art. 1: Superior angelus veritatem, quam universaliter accipit, quodammodo distinguit, ut ab inferiori capi possit, et sic eam cognoscendam illi proponit. — Cg. III c. 79. 80,

teristischen Merkmale, die eine solche Rangfolge der intellektuellen Thätigkeiten begründen, bis ins einzelne zu verfolgen, würde ermüden und nur eine Ausmalung des uns bei den Hierarchien im grossen entgegentretenden Gedankens sein, dass auch die Wirkungen der causae secundae innerhalb der immateriellen Welt in einer harmonischen Verknüpfung zu einander stehen.

Nur auf die niedrigste Ordnung dieser körperlichen Substanzen, die Engel im eigentlichen Sinne, sei noch hingewiesen. Auf der Grenze des Unsichtbaren stehend, bringen sie die Ausführung des ordo im Gebiete des rein Geistigen zum Abschluss, indem sich ihre Berufsarbeit auf die bereits mit materiellem Sein behafteten creaturae rationales, die Menschen, bezieht, deren geistiges Wohlergehen ihrer Obhut anvertraut ist [1]). Und zwar nimmt Thomas für jeden einzelnen Menschen eine besondere derartige Gewalt an, die ihren Schützling, wenn sie auch auf Augenblicke ihre Hand zurückzieht, niemals ausser acht lässt [2]). Doch soll dieser leitende Einfluss keineswegs auf eine unumschränkte Herrschaft hinauslaufen, der sich der Mensch als ein völlig willenloses Werkzeug ergeben müsste. Wie bei den höchsten geistigen Wesen [3]) besteht auch bei den Engeln der Charakter ihrer Einwirkung nicht in einer direkten Determinierung des Willens, sondern in einer Erleuchtung des Verstandes,

---

1) Th. I q. 113 art. 1: Manifestum est, quod in rebus agendis cognitio et affectus hominis multipliciter variari et deficere possunt a bono; et ideo necessarium fuit, quod hominibus angeli ad custodiam deputarentur, per quos regularentur et moverentur ad bonum.
2) Th. I q. 113 art. 6: Cum custodia angelorum sit quaedam executio divinae providentiae, quae nunquam ex toto hominem derelinquit, nec angelus custos unquam ex toto hominem deserit, licet permittat quandoque secundum ordinationem divinorum judiciorum vel poenae vel culpae defectum pati.
3) Th. I q. 106 art. 2.

damit auch der Mensch, bekannt mit den göttlichen Ratschlüssen, an seinem Teile den Plan der Welterhaltung mit zur Ausführung bringe [1].

Dasselbe Princip der Ordnung wird ferner von Thomas für das Schaffen im Reiche der gefallenen Geister geltend gemacht, indem auch hier die entwickelteren Wesen, und das sind im Gebiete des Bösen die von Gott am meisten abgefallenen, die Haltung der niederen Dämonen bestimmen [2] — wieder eine Auffassung, bei der die Bedenklichkeit ihrer Konsequenz, dass nämlich dadurch Gott als Mehrer und Förderer des Bösen erscheint, der harmonischen Einheit der weltregierenden Maximen geopfert wird.

2) Die materielle Welt.

Ist demnach durch die Stufe der Engel eine Verbindung hergestellt zwischen dem Wirken des Geisterreiches und der Thätigkeit der vornehmsten Geschöpfe der körperlichen Welt, so setzt sich nun auch innerhalb der das genus humanum individuell zum Ausdruck bringenden Wesen eine in gleicher Weise geregelte Verkettung der Lebenskräfte weiter fort. Auch hier hat das Gesetz des Herrschens und Dienens seinen Ausgangspunkt in der qualitativen Beschaffenheit der intellektuellen Anlagen. Nicht die Stärke der physischen Kräfte verschafft dem Menschen das Anrecht auf eine übergeordnetere Stellung, sondern allein die Vollkommenheit seiner geistigen Entwickelung erhebt ihn zum Herrscher über seines

---

1) Cg. III c. 88: Non est aestimandum, quod animae caelorum, si quae sint vel quaecunque aliae substantiae intellectuales separatae creatae possint directe voluntatem nobis immittere aut electionis nostrae causa esse. — Th. I q. 111 art. 2.

2) Th. I q. 109 art. 2 (Conclusio): Cum daemones non sint secundum naturam aequales, necesse est inferiorum quoque actiones actionibus superiorum subesse; atque ita naturalis subjectio et praelatio in illis est.

Gleichen¹). Es muss eben beim Leben der Menschheit im Ganzen ein ähnliches Verhältnis zum Ausdruck kommen, wie es sich bei den Individuen im einzelnen betrachtet als das naturgemässe herausstellt.

Der im Wesen eines jeden Menschen liegenden Bestimmung analog, dass nämlich die physischen Kräfte insgesamt und ebenso die niederen Seelenvermögen in einer abhängigen Beziehung stehen zum Intellekte, sollten es auch dem göttlichen Willen gemäss lediglich die geistigen Faktoren sein, die für die Ordnung der menschlichen Gesellschaft den Ausschlag gaben²). Nach diesem Principe haben wir nun bei Thomas dem scholastischen Grundsatz gemäss: quod quaelibet multitudo perfecta habet principium, medium et finem ³) im näheren drei Abstufungen des gesellschaftlichen Lebens: 1) die supremi ut optimates, 2) die medii ut populus honorabilis und 3) die infimi als vilis populus ⁴).

Aber ausser der Rücksicht auf seine eigene Person, sich in der Bethätigung seines Wesens als ein mit Vernunft begabtes Geschöpf zu erweisen und neben der Stellung, die er vermöge seiner natürlichen Anlage als animal politicum et sociale seinen Nächsten gegenüber einnimmt, hat der Mensch schliesslich noch eine Beziehung zu Gott⁵). Auch

---

1) Cg. III c. 81: Inter ipsos homines ordo invenitur: nam illi, qui intellectu praeeminent, naturaliter dominantur; illi vero, qui sunt intellectu deficientes corpore vero robusti, a natura videntur instituti ad serviendum.
2) ibid.
3) Th. I q. 108 art. 2.
4) ibid.
5) Th. II, 1 q. 72 art. 4: Triplex ordo in homine debet esse: unus quidem secundum comparationem ad regulam rationis, prout scilicet omnes actiones et passiones nostrae debent secundum regulam rationis commensurari; alius autem ordo est per comparationem ad regulam divinae legis, per quam homo in omnibus dirigi debet. Et si quidem homo naturaliter esset animal solitarium, hic duplex ordo sufficeret. Sed quia homo est natu-

diese Seite des menschlichen Lebens sollte sich, soweit sie überhaupt zur äusseren Erscheinung kommen konnte, in einer bestimmten Form einen Ausdruck verschaffen.

Die kirchliche Hierarchie ist ein Abbild der himmlischen, freilich kein ihr völlig entsprechendes, sondern nur ein unvollkommenes, das sich ebenfalls nach der Maxime: illi, qui intellectu praeeminent, naturaliter dominantur [1]) aufgebaut hat. Doch ist Thomas ehrlich genug, zuzugestehen, dass dieses hierarchische Rangverhältnis nicht notwendig adäquat ist demjenigen, das sich, nach den für das religiöse Leben allein in Betracht kommenden Faktoren gemessen, ergeben würde [2]).

Andererseits hat aber die Hierarchie gerade durch Thomas eine nicht unbedeutende weitere Entwickelung erfahren. Wie wir auch sonst bei ihm das Betreben nach Einheit gefunden haben, so zeigt sich dasselbe hier ganz besonders in der zentralen Stellung, die er dem Papst anweist [3]). Allerdings ist sein Amt zunächst ein geistliches,

---

raliter animal politicum et sociale, ideo necesse est, quod sit tertius ordo, quo homo ordinetur hic ad alios homines, quibus convivere debet.

1) Cg. III c. 81.
2) Th. I q. 106 art. 3: Ecclesiastica hierarchia imitatur coelestem aliqualiter, sed non perfecte consequitur ejus similitudinem. In coelesti enim hierarchia tota ratio ordinis est ex propinquitate ad Deum; et ideo illi, qui sunt Deo propinquiores, sunt et gradu sublimiores et scientia clariores, et propter hoc superiores nunquam ab inferioribus illuminantur. Sed in ecclesiastica hierarchia interdum qui sunt Deo per sanctitatem propinquiores sunt gradu infimi et scientia non eminentes, et quidam in uno etiam secundum scientiam eminent, et in alio deficiunt; et propter hoc superiores ab inferioribus doceri possunt.
3) Cg. IV c. 76: Ad unitatem ecclesiae requiritur, quod omnes fideles in fide conveniant. Circa vero ea, quae fidei sunt, contingit quaestiones moveri: per diversitatem autem sententiarum divideretur ecclesia, nisi in unitate per unius sententiam

und weltliche Gewalt und Herrschaft bleibt dem Staat als sein ihm eigentümliches Recht gesichert, dessen Ausübung ihm die kirchliche Macht frei überlassen soll. Geht man jedoch auf das Prinzip zurück, so steht die Macht der Kirche der weltlichen weit voran, und das göttliche Herrscheramt des Papstes hat alle Könige der Erde zu seinen Unterthanen [1]) und kann im Falle einer Abkehr vom rechten Glauben den Fürsten das Regiment entziehen [2]).

Aber nicht bloss in bezug auf das noch innerhalb des materiellen Seins wahrzunehmende Geistesleben bilden die Engel die Vermittler der göttlichen Regierung. Noch in einer anderen Beziehung lässt Thomas ihre Thätigkeit ordnend und leitend auf die irdischen Vorgänge eingreifen, indem er in ihnen auch die unsichtbaren Ursachen für die im Bereiche der rein körperlichen Welt sich mit Notwendigkeit vollziehende Bewegung erblickt.

Infolge des Vorzuges der rein geistigen Wesen nehmen die Engel lediglich das Prädikat des movere und nicht des moveri für sich in Anspruch [3]) und bilden so nach Thomas die eigentliche Quelle für die innerhalb der sublinarischen Dinge den Prozess des Vergehens und Entstehens hervorrufenden Bewegungen der Himmelskörper [4]). Wie aber die corpora coelestia vermöge ihrer von der Alteration und Korruption nicht beeinflussten Wesensbeschaffenheit die erste Stufe im Bereiche des eigentlich materiellen Seins ausmachen,

---

conservaretur. Exigitur ergo ad unitatem ecclesiae conservandam, quod sit unus, qui toti ecclesiae praesit.
1) cf. K. Werner a. a. O. p. 464.
2) Th. II, 2 q. 12 art. 2: Principibus apostatantibus a fide non est obediendum.
3) Cg. III c. 72: Illa, quae sunt Deo propinquissima, sunt omnino immobilia, scilicet substantiae separatae, quae maxime ad Dei similitudinem accedunt, qui est omnino immobilis.
4) Th. I q. 110 art. 3: Corpora obediunt angelis ad motum localem. — Cg. III c. 23.

so steht auch die Art der Bethätigung ihrer Kräfte im besten Einklang mit dieser qualitativen Vollkommenheit. Ihre Bewegung beschreibt daher die vollendetste aller Bahnen, nämlich die kreisförmige, die, weil sie zu ihrem Ausgangspunkt zurückkehrt, keine Unterbrechung erleidet, sondern infolge stetiger Wiederholung eine fortdauernde bleibt [1]). Von den Himmelskörpern überträgt nun Thomas dieses von Plato und Aristoteles übernommene System der Bewegung auf die elementaren Dinge, doch mit dem Unterschiede, dass hier entsprechend der niedrigeren Stufe, die dieselben gemäss dem Charakter ihres Wesens bei der Festsetzung des ordo erhalten haben, auch die Aeusserung der Kräfte sich in einer minder abgeschlossenen Form vollzieht, nämlich in der einer geraden Linie. Die unmittelbare Folge dieser Bewegung, die bei der Vielheit der aus den elementaren Stoffen zusammengesetzten Körper das Verhältnis des Gegensatzes zu einander hervorbringen musste, bildet nun die corruptio und generatio [2]). Doch ist zu beachten, dass dieser Prozess des Vergehens bei Thomas im grossen und ganzen einer Neuschöpfung gleichzustellen ist, die nach der von Gott bei seiner unmittelbaren Setzung der Welt ein für allemal bestimmten Ordnung immer und immer wieder von den causae secundae zur Ausführung gebracht wird [3]). Darum ist aber

---

1) Cg. III c. 82: Inter omnes alios motus primus est motus coeli .... quia inter motus locales est motus circularis prior et tempore, quia solus ipse potest esse perpetuus, et naturaliter, quia est magis simplex et unus, cum non distinguatur in principium, medium et finem, sed totus sit quasi medium; et etiam perfectione, quia reflectitur ad principium.
2) Cg. III c. 22: Motus corporum coelestium, inquantum movent, ordinantur ad generationem et corruptionem, quae est in istis inferioribus. — c. 82.
3) Th. I q. 104 art. 1: Deus non potest communicare alicui creaturae, ut conservetur in esse sua operatione cessante sicut non potest ei communicare, quod non sit causa esse illius. In-

auch dieser Uebergang von der Auflösung des Alten zur Bildung des Neuen kein bellum omnium in omnes, sondern die Aktualisierung der prima materia, die nach Aristotelisch-Thomistischer Auffassung nichts ist und doch alles wird, ist bei der generatio gebunden an eine successive Erhebung von Stufe zu Stufe, deren sie keine überspringen kann. Das Ziel jedoch, bis zu dem die von den corpora coelestia ausgehende Bewegung die Materie in der Verähnlichung mit Gott zu bringen vermag, ist wie bei Aristoteles die Hervorbringung der menschlichen Seele, soweit wenigstens ihre Vermögen mit dem Geschicke alles irdischen verwachsen und der Vergänglichkeit unterworfen sind [1]).

Auf den Intellekt aber hat das Wirken der siderischen Kräfte keinen unmittelbaren Einfluss mehr [2]), sondern derselbe ist, wie wir gesehen haben [3]), der erleuchtenden Leitung der Engel unterstellt. Nur in ganz indirekter Weise besteht nach Thomas auch eine Abhängigkeit dieses unsterblichen Faktors von der Bewegung der corpora coelestia. Seine Thätigkeit ist nämlich gebunden an die richtige Funktionierung des sensus interior, dessen Disposition oder Indisposition, weil er eben noch zur sinnlichen Seite des Menschen gehört, der Herrschaft der Gestirne unterworfen ist [4]).

tantum enim indiget creatura conservari a Deo, inquantum esse effectus dependet a causa essendi. — q. 27 art. 2; Cg. I c. 26.
1) Cg. III c. 22: Ultimus generationis totius gradus est anima humana, et in hanc tendit materia sicut in ultimam formam.
2) Cg. III c. 84: Impossibile est quod corpora coelestia agant in intellectum directe. — c. 85; Th. I q. 115 art. 4.
3) cf. oben § 4, 1.
4) Cg. III c. 84. Sciendum est, quod licet corpora coelestia directe intelligentiae nostrae causae esse non possint, aliquid tamen ad hoc operantur indirecte. Licet enim intellectus non sit virtus corporea, tamen in nobis intellectus operatio compleri non potest sine operatione virtutum corporearum, quae sunt imaginatio et vis memorativa et cogitativa (diese bilden aber

Während aber bei allen anderen Instanzen, die als causae secundae den Plan der göttlichen Weltregierung zur Ausführung bringen, auch die Objekte ihrer Thätigkeit der Qualität ihres Wesens entsprechend sind, so fühlt doch Thomas selbst, dass bei dem Wirken der himmlischen Körper dieses harmonische Verhältnis nicht so völlig wie bei den anderen vermittelnden Mächten zum Ausdruck gelangt. Denn hier ist das Ewige und Unvergängliche zum Dienst bestellt für die Leitung und Ordnung der Verhältnisse alles Irdischen und Verweslichen [1]). Freilich sucht er diese selbstbemerkte Schwierigkeit dadurch zu heben, dass ganz besonders stark betont wird, die corpora coelestia übten diese Thätigkeit nicht aus um der irdischen Dinge willen, sondern in Rücksicht auf das von Gott der Welt gesetzte Ziel der Verähnlichung mit ihm [2]). Allein er scheint dabei zu übersehen, dass der hier von ihm besonders stark geltend gemachte Gesichtspunkt auch für alle anderen die Ordnung zur Ausführung bringenden Wesen mindestens die gleiche Bedeutung hat, da sie ja überhaupt ihre Wirksamkeit nur unter dieser Voraussetzung empfangen haben [3]).

Dass aber auch im weiteren Verlaufe der Thomistischen Betrachtung der generatio dem in der corruptio als ihrer unbedingten Voraussetzung zur Erscheinung kommenden

---

nach Th. I p. 78 art. 4, Conclusio die Vermögen des sensus interior), et inde est, quod impeditis harum virtutum operationibus propter aliquam indispositionem corporis, impeditur operatio intellectus. — Th. 1 q. 115 art. 4.

1) Cg. III c. 22.

2) Cg. III c. 22: Corpora coelestia licet sint digniora inferioribus corporibus, non tamen intendunt generationem eorum et formas generatorum in actum educere per suos motus quasi ultimum finem; sed per hoc ad divinam similitudinem tendentes quasi ad ultimum finem, in hoc quod causae aliorum existant.

3) Wie dies ja schon in der Bezeichnung der inferiores virtutes als divinae providentiae executrices liegt. cf. Cg. III c. 77.

Uebel keine volle Würdigung widerfahren wird, lässt sich nach der oben dargelegten Ansicht vom malum [1]) erraten. In Uebereinstimmung mit dieser wird das, was vom Uebel überhaupt gilt, nun im besonderen auf die die Auflösung der alten Formen verursachenden Faktoren übertragen. Auch sie kommen nur als etwas im Interesse der Schönheit des Universums Zugelassenes in Betracht, dem aber keine selbständige sondern nur accidentielle Realität zugeschrieben werden darf [2]). Doch ist das noch nicht der gewagteste Satz dieser ganzen Spekulation. Weit bedenklicher ist jedenfalls der Umstand, dass bei der Auffassung der Welterhaltung als einer nach der von Gott bestimmten Ordnung sich durch die Thätigkeit der causae secundae immer fortsetzenden Schöpfung der im Prozesse der corruptio und generatio sich äussernde Kampf ums Dasein mit in die ewige Weltordnung der Ideen hineinverlegt wird [3]). Freilich hat Thomas denselben in seiner eigentlichen Ausdehnung noch nicht erkannt, aber entgangen ist er ihm doch nicht. Das zeigt schon das Wort: non esset vita leonis, si non esset occisio animalium [4]). Nur ist eben auch hier die wahre Bedeutung dieses Kampfes über der ästhetischen Betrachtung verloren gegangen.

3) Das Verhältnis der Willensfreiheit zur executio ordinis.

Bei einer so geschlossenen Verkettung aller dieser auch die kleinsten Verhältnisse nach dem Plane der göttlichen Regierung ordnenden Zwischenursachen drängt sich nun un-

---

1) cf. oben § 3, 3.
2) Cg. III c. 9: Privationes non intenduntur quasi aliquam essentiam habentes sicut aequalitates et formae, sed per augmentum causae privantis. — c. 14.
3) cf. Frohschammer a. a. O. p. 249.
4) Th. 1 q. 22 art. 2.

mittelbar die Frage auf, ob denn Thomas den Dingen überhaupt, speziell aber dem menschlichen Willen noch irgendwelche Selbständigkeit zuschreibe oder nicht? Die Konsequenz des Systemes scheint dies von vornherein zu verneinen. Denn wenn uns auch Thomas die Versicherung gegeben hat, der leitende Einfluss der Engel habe keine Determinierung des Willens zur Folge sondern bloss eine Erleuchtung des Verstandes[1]), so verliert doch dieser Satz darum seine Bedeutung, weil nach der Thomistischen Psychologie die den Willen bewegenden Faktoren gerade im Intellekt ihren Ursprung haben[2]). Und so finden wir denn auch in den unzweideutigsten Ausdrücken den Schluss gezogen, dass wie bei den corporalia omnis motus causatur a primo motu, ebenso bei den spiritualia omnis motus voluntatis a prima voluntate causatur, quod est voluntas Dei[3]).

Allein neben derartige Aussagen stellen sich nicht minder zahlreich andere, wo gegen eine solche fatalistische Auffassung entschieden Front gemacht und den Produkten der Schöpfung ihre Selbständigkeit gewahrt wird, so dass ihre Kausalität nicht aufgehoben erscheint durch das im ordo liegende Kausalitätsgesetz[4]). Allerdings lässt Thomas, wie er ja überhaupt „in der Milderung und Ausgleichung der Gegensätze seine Stärke hat"[5]), dies in einer so scharf ausgesprochenen Weise nicht stehen. Er sucht auch hier

---

1) cf. oben § 4, 1.
2) Cg. III c. 85: Voluntas in parte intellectiva animae est.
3) Cg. III c. 89; c. 92: Semper hoc homo eligit, quod Deus operatur in ejus voluntate. — Th. I q. 103 art. 7 (Conclusio): Cum divina providentia sit universalis causa non unius tantum generis, sed universaliter totius entis, nihil potest praeter illius ordinem in universo evenire. — Cg. III c. 67 etc.
4) Cg. III c. 69: Non causalitas effectuum inferiorum est ita attribuenda divinae virtuti, quod subtrahatur causalitas inferiorum agentium. — Th. q. 83 art. 1.
5) cf. Eucken: Die Lebensanschauungen der grossen Denker, 1890 p. 301.

die Schwierigkeit, zwei so entgegenlaufende Gedankenreihen zu vereinigen, durch eine Vermittelung zu heben. Und dazu gab ihm die dialektische Behandlung der Begriffe in der damaligen Scholastik wenigstens den Schein der Möglichkeit an die Hand. Bei jeder Thätigkeit, sei sie physischer oder psychischer Art, so führt seine Argumentation aus, sind zwei für sich bestehende Momente zu beachten, nämlich die göttliche Aktivität und die kreatürliche. Ist diese zwar als die causa secunda in ihrer Existenz notwendig an die causa prima gebunden [1]), so schreibt ihr Thomas doch immerhin den Charakter einer für sich bestehenden Ursache zu [2]), die die Quelle aller Kontingenz bildet [3]). Die scheinbare Berechtigung aber, mit der er eine solche Ansicht aufstellen zu dürfen glaubte, wird man zweifelsohne in der oben angeführten [4]), wohlberechneten Unterscheidung hinsichtlich der Vollkommenheit der ordinatio und executio ordinis zu suchen haben. Diese Unterscheidung hatte, wie sich durch den Verlauf der Untersuchung wohl deutlich herausgestellt hat, die Aufgabe, zugleich mit dem völligen Gesetztsein der Welt aus Gott auch eine Selbständigkeit der Geschöpfe festzuhalten. Ebenso gewinnt er dadurch den Vorteil, auch den niederen Reichen ein gewisses selbständiges Recht zuerteilen zu können.

So bleibt, wie schon in anderem Zusammenhang

---

1) Cg. III c. 70: In quolibet agente est duo considerare scilicet rem ipsam, quae agit, et virtutem, qua agit, sicut ignis calefacit per calorem. Virtus autem inferioris agentis dependet a virtute superioris agentis, inquantum superius agens dat virtutem ipsam inferiori agenti, per quam agit, vel conservat eam, aut etiam applicat eam ad agendum.
2) Th. I q. 105 art. 5: Sic intelligendum est Deum operari in rebus, quod tamen ipsae res propriam habeant operationem. — Cg. III c. 70.
3) Cg. III c. 73: Voluntas est causa contingens. — c. 72.
4) cf. oben § 2.

dargelegt[1]), dem Staat die Aufrechterhaltung der Sicherheit und Ordnung als sein ihm eigentümliches Gebiet. Ohne direkte Beeinflussung seitens der Kirche entfaltet er hier seine Thätigkeit in selbständiger Weise. Im Falle eines Konfliktes der beiderseitigen Interessen liegt nach der Thomistischen Meinung freilich die letzte Entscheidung unbedingt bei der geistlichen Macht. Ein gleiches Verhältnis besteht auch zwischen Philosophie und Theologie. Jede dieser Wissenschaften hat ihr abgegrenztes Gebiet, und die philosophische Spekulation soll zunächst unbeeinflusst von der Theologie arbeiten. Auch in den Punkten, wo sich beide in ihrer Forschung berühren, wie in den Fragen nach dem Dasein Gottes, seinen Eigenschaften, der Weltschöpfung und der Unsterblichkeit der menschlichen Seele geht die Philosophie ihre eigenen Wege. Aber wie die kirchliche Gewalt im letzten Grunde über der staatlichen steht, so ist auch die Philosophie schliesslich nur die Magd der Theologie. Diese kontroliert die Resultate der natürlichen Erkenntnis und hat etwaige Abweichungen von dem Inhalte der göttlichen Offenbarung zurecht zu stellen[2]). So herrscht denn bei aller Ordnung und Unterordnung innerhalb der verschiedenen Gattungen und Arten der Dinge immerhin eine relativ freie Entfaltung; jedes lebt und wirkt in seiner Weise an seiner Stelle. Bloss Gott kann dieses Recht der freien Bethätigung brechen, denn ihm allein als dem Schöpfer der Ordnung kommt die Macht zu, durch direktes Eingreifen eine Abweichung vom gewöhnlichen Lauf der Natur d. h. ein Wunder hervorzubringen[3]).

---

1) cf. oben § 4, 2.
2) Cg. II c. 4: Unde et theologia maxima sapientia dici debet, utpote semper altissimam causam considerans et propter hoc ipsi, quasi principali, philosophia humana deservit.
3) Cg. III c. 102: Nullo modo virtute superiorum creaturarum aliqua miracula fieri possunt.

Will man nun weiter wissen, wie man sich diese Selbständigkeit innerhalb der Abhängigkeit zu denken habe, so wird sie zur Veranschaulichung in Parallele gestellt mit der Wirksamkeit, die ein Werkzeug in der Hand eines Künstlers entfaltet [1]). Allein gerade diese Vergleichung der causae secundae mit Instrumenten ist der deutlichste Beweis für ihre Unfreiheit, und wenn Thomas trotzdem ihre Selbständigkeit behauptet, so durchhaut er den Knoten, aber er löst ihn nicht.

Fragt man schliesslich nach den Motiven, die Thomas veranlassen konnten, die sich mit Notwendigkeit aus seinem Systeme ergebende Konsequenz der Determinierung jedweder kreatürlichen Thätigkeit in das Gegenteil umzukehren, dann kommen auch hier wieder neben der teleologischen Begründung die ästhetischen Gesichtspunkte in Betracht. Wie eine infolge des Mangels an freier Wirksamkeit zwecklose Schöpfung der Weisheit Gottes widersprechen, würde [2]), so verlangte auch die von Gott beabsichtigte Anlage der Aehnlichkeit der Welt mit ihm, dass er den Dingen neben der Mitteilung seines Seins auch eine freie und selbständige Wirksamkeit gab [3]).

---

1) Cg. I. c. 44: Omnia moventia, quae sunt in mundo, comparantur ad primum movens, quod est Deus, sicut instrumenta ad agens principale. — c. 13; III c. 70.

2) Cg. III c. 69: Contra rationem sapientiae est, ut sit aliquid frustra in operibus sapientis. Si autem res creatae nullo modo operentur ad effectus producendos, sed solus Deus operetur omnia immediate, frustra essent adhibitae ab ipso aliae res ad producendos effectus. — Th. 1 q. 105 art. 5.

3) Cg. III c. 69: Si Deus communicavit aliis similitudinem suam quantum ad esse, inquantum res in esse produxit; consequens est, quod communicavit eis similitudinem suam quantum ad agere; ut etiam res creatae habeant proprias actiones.

§ 5.
Schluss.

Bei einem Rückblick auf die Weltgestaltung des Thomas steht das jedenfalls ausser Zweifel, dass seiner Gedankenarbeit die Achtung nicht versagt werden darf, sowohl wegen der Grossartigkeit der hier wirksamen Principien wie der Energie, mit welcher diese ausgeführt werden. Wie bei der Betrachtung der Welt nach ihrem Dasein der Gedanke in dem Mittelpunkte steht, dass sie gewissermassen eine Verkörperung der Harmonie bilde, so wird diese Gesetz- und Verhältnismässigkeit auch auf alles Wirken übertragen. Es bildet daher das Universum gleichsam ein beseeltes Kunstwerk, das in seinen einzelnen Abstufungen die grösste Mannigfaltigkeit und Abwechselung zeigt. Aber alle diese besonderen kleinen Welten werden wiederum von einer unwandelbaren Ordnung umspannt und zusammengehalten. Jedes Ding steht an der ihm von Gott angewiesenen Stelle, und wie beim Gange eines Räderwerkes löst eine Thätigkeit die andere ab, und alles webt sich so zum Ganzen:

„Wie Himmelskräfte auf und niedersteigen
Und sich die goldenen Eimer reichen,
Mit segenduftenden Schwingen
Vom Himmel durch die Erde dringen,
Harmonisch all' das All durchklingen!"

Mag auch im einzelnen betrachtet manche Erscheinung den Stempel des Hässlichen und Mangelhaften an sich tragen, so ist doch darauf nicht der Nachdruck zu legen, sondern ein Blick auf das Ganze lehrt uns, dass gerade das Unzulängliche den künstlerischen Wert des Universums erhöht. Dasselbe gilt auf dem Gebiete der Bethätigung der Lebenskräfte. Auch hier mag es so aussehen, als ob vieles der von Gott bestimmten Ordnung zuwiderlaufe; aber ins

Ganze hineingestellt dient es doch nur dazu, den göttlichen Ratschluss der Welterhaltung mit zur Ausführung zu bringen. Das Böse ist darum etwas notwendiges und unvermeidliches.

So erhalten wir bei Thomas ein Bild der Weltgestaltung, das uns lebhaft zugleich an Aristoteles und Plotin erinnert, und seine wissenschaftliche Betrachtung des Universums vom ästhetischen Gesichtspunkt aus ist somit eine uralte. Gemäss der hervorragenden Anlage des griechischen Volkes für das Schöne haben die kosmologischen Probleme zuerst bei den hellenischen Denkern und Dichtern eine derartige Behandlung erfahren, so zunächst bei den Pythagoreern, dann aber besonders in den Systemen des Plato und Aristoteles.

Wie aber das Christentum bei der Ausbildung seiner Theologie anknüpfte an das Erbe der geistigen Thätigkeit früherer Jahrhunderte, so auch bei seiner Philosophie. Diese benutzte die ästhetische Weltbetrachtung jener Denker namentlich in der Gestalt, welche sie durch den Neuplatonismus gewonnen hatte, und als deren typischer Vertreter Augustin zu gelten hat. Es ist daher das Verdienst des Thomas hier nicht so sehr in der Neuschöpfung hervorragender Gedanken zu suchen als in der Ordnung und Verwertung des Vorhandenen. Nicht bloss in der Theologie besass er, einem Gregor dem Grossen darin verwandt, das Charisma, für die Denkarbeit seiner Zeit den richtigen Ausdruck zu finden, sondern auch in der Philosophie hat er mit staunenswertem Fleiss und Geschick die Spekulation früherer Denker in ein abgeschlossenes System zu verweben gewusst.

Zweifelsohne hat die ästhetische Weltauffassung des Thomas eine gewisse Berechtigung, und wir sind weit davon entfernt, den Wert derselben herabzusetzen. Denn so oft der Mensch als betrachtendes Wesen der Natur gegenübersteht, wird er geneigt sein, sie unmittelbar auf sein Empfinden zu beziehen und als ein wohl geordnetes Kunstwerk zu behandeln. Aber bei aller Schätzung einer solchen Behandlungsweise und bei aller Anerkennung ihrer Bedeutung vornehmlich für die Kunst darf sie doch nicht zu einer wissenschaftlichen Beurteilung der Welt erhoben werden. Den Charakter stärkster Subjektivität wird ein auf solchen Prinzipien ruhendes Weltbild niemals verleugnen können. Dies zeigt sich auch bei unserem Scholastiker. Denn seine ganze Lehre von der Ordnung, speziell seine grundlegende Unterscheidung der ordinatio und executio ordinis ist doch eben nur eine ganz subjektive Annahme. Die Umkehrung seines Satzes in das Gegenteil: auch die executio ordinis ist erst dann eine perfekte zu nennen, wenn der Urheber derselben durch direktes Eingreifen die Verhältnisse der unbedeutendsten und unscheinbarsten Dinge selbst ordnet und regelt, könnte mit gleichem Recht aufgestellt werden. Aber auch die Richtigkeit eines solchen Unterschiedes zugegeben, so wird doch durch denselben nichts gewonnen. Denn die Selbständigkeit, die Thomas der executio ordinis einräumt, und auf deren Kosten er alles das setzt, was er auf Gott direkt zu übertragen für bedenklich hält, ist nur eine scheinbare. Wie gezeigt ist es schliesslich doch Gott selbst, der alles wirkt, und die Kreatur kommt dabei nur als ein Werkzeug in Betracht, das gar nicht anders kann, als er will.

Eine Lösung der schwierigen Probleme der Willensfreiheit und des Ursprungs des Uebels vermag der Thomistische Intellektualismus eben auch nicht zu geben. Um so mehr muss daher der Fortschritt der neueren Denker anerkannt werden, die seit Kant gewohnt sind, mit Bescheidenheit zu gestehen, dass solche Fragen das menschliche Erkenntnisvermögen übersteigen.

Doch soll dabei nicht übersehen werden, dass die Thomistische Weltgestaltung nicht beurteilt werden darf aus der wissenschaftlichen Lage unseres Jahrhunderts. Thomas lebte und dachte eben in den Anschauungen seiner Zeit, und diese fand in einer von solchen ästhetischen Gesichtspunkten getragenen Auffassung der Dinge ihre volle Befriedigung. Nur von dem Vorwurf ist Thomas selbst nicht freizusprechen, dass er durch eine willkürliche Spaltung und Zergliederung der Begriffe die Schwierigkeit der Probleme beseitigen zu können glaubte. Wollte man aber die Punkte hervorheben, die unserer Zeit eine derartige Weltgestaltung als eine unhaltbare erscheinen lassen, so dürfte namentlich zweierlei zu beachten sein. Einmal haben wir jene enge Verknüpfung von Mensch und Welt, wie sie der antiken Naturbetrachtung charakteristisch ist, aufgegeben und sind uns einer schärferen Scheidung des Subjekts vom Objekt bewusst geworden. Andererseits sind wir aber gewohnt, dem Uebel in der Welt eine grössere Bedeutung beizulegen, als dies bei Thomas geschieht; im besonderen ist jedenfalls der uns stärker zum Bewusstsein gekommene Kampf ums Dasein mehr als ein blosses Mittel zur Verschönerung des Universums.

Dieser starke Gegensatz, in welchem sich hier die Weltauffassung unserer Tage zu der des Mittelalters befindet, sollte bei dem Versuche einer Erneuerung der Thomistischen Philosophie nicht unbeachtet bleiben. Denn wenn man auch trotz der grossen Verschiedenheit unserer Anschauungen vom Thomismus seiner Bedeutung für eine frühere Zeit die Achtung nicht versagen wird, so sollte es andererseits die Pflicht der Dankbarkeit gegen die Gesamtarbeit der Neuzeit erfordern, sie nicht durch Aufbürdung einer Weltanschauung zu bedrücken, von der uns nun mehr als sechshundert Jahre reicher, wissenschaftlicher Arbeit trennen.

JENA, 13. Juni 1891.